FRANCISCO RUSSO

MÉTODO INFANTIL
para PIANO
com ilustrações

Premiado com diploma e medalha de ouro pela Academia de Ciências e Artes do Rio de Janeiro e com diploma e medalha de ouro afirmativa pelo Progresso Itálico de Pístoia, Itália.

Adotado oficialmente no Conservatório Brasileiro de Música do Rio de Janeiro, no Instituto Musical de São Paulo, no Curso Infantil de Piano anexo ao Conservatório Dramático e Musical Carlos Gomes de Campinas e na maioria dos institutos e colégios de todo o Brasil.
Transcrito em braile pela Fundação Para o Livro do Cego do Brasil.

Nº Cat.: 33-CW

Irmãos Vitale
Editores - Brasil
DISTRIBUIDOR EXCLUSIVO

© Copyright by Casa Wagner Editora Ltda. - São Paulo - Brasil.
Todos os direitos autorais reservados para todos os países. *All rights reserved.*

DADOS INTERNACIONAIS DE CATALOGAÇÃO NA PUBLICAÇÃO (CIP)
(CÂMARA BRASILEIRA DO LIVRO, SP, BRASIL)

Russo, Francisco
Método infantil para piano, com ilustrações
Francisco Russo. -- São Paulo : Casa Wagner

ISBN 85-86229-19-9
ISBN 978-85-86229-19-0

    1. Piano - Estudo e ensino
    2. Piano - Métodos
        I. Título.

98-5495.   CDD: 786.207

Índice para catálogo sistemático:

1. Crianças : Métodos para piano : Estudo e ensino   786.207

Revisão de Diagramação: DÉBORA FREITAS

Revisão Musical e Ilustração de "Canto do Cisne": FLÁVIO CARRARA DE CAPUA

A música tem **7 notas** – Do - Re - Mi - Fa - Sol - La - Si.

São colocadas numa **pauta** que contém **5 linhas** e **4 espaços**.

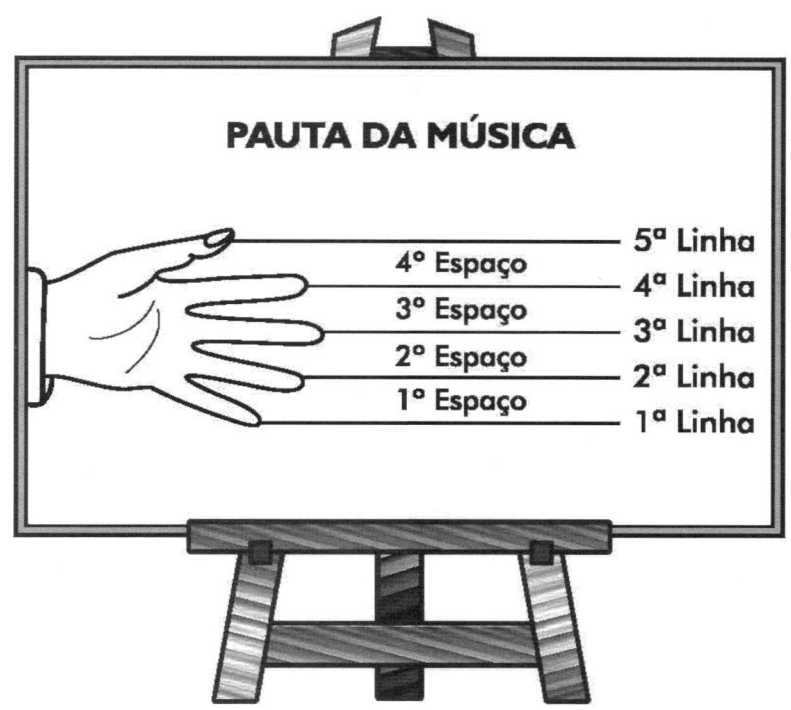

A mão pode figurar uma Pauta. Os dedos representam as linhas e, de um dedo a outro, os espaços.

No piano se empregam **2 claves**: a de Sol  e a de Fa

Propriedade reservada para todos os países da CASA WAGNER EDITORA Ltda. - S. Paulo

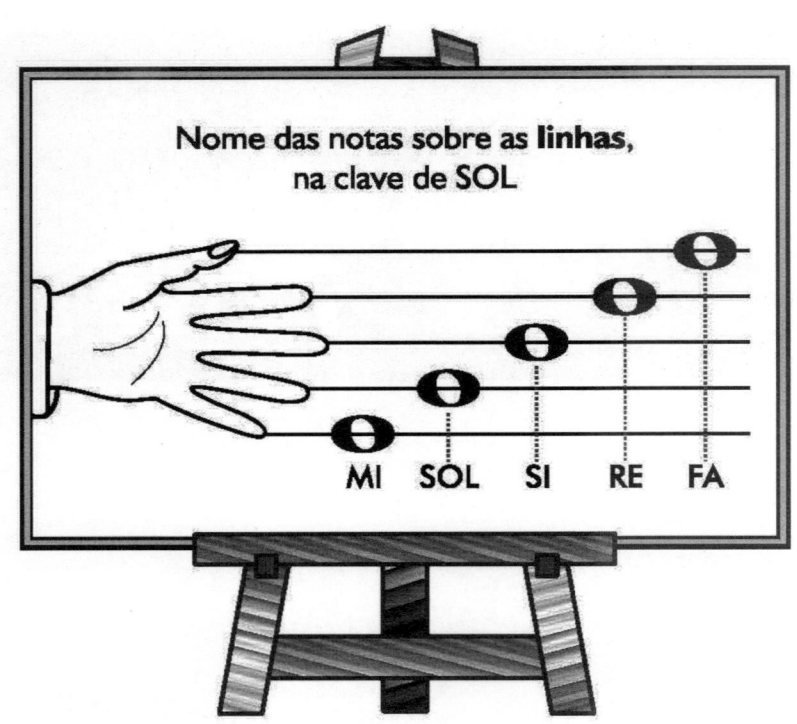

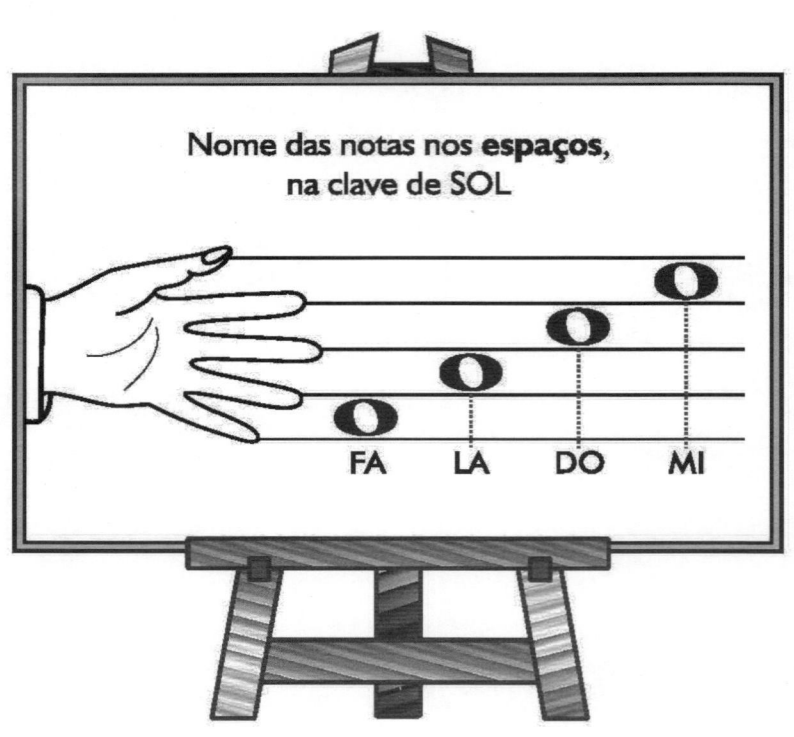

SUCESSÃO DE 8 NOTAS

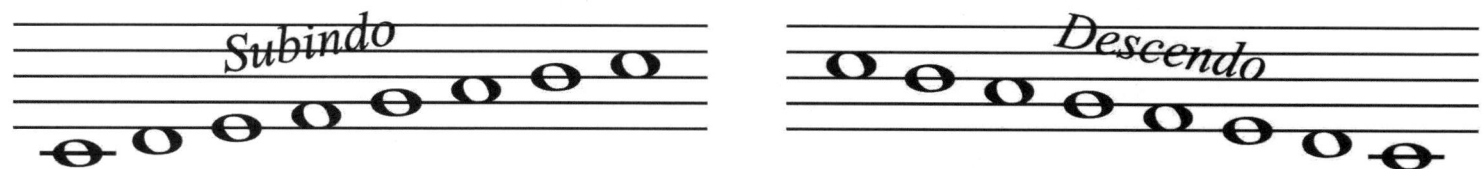

DO COMPASSO

Não há música sem compasso.

Os compassos são de 2, 3 e 4 tempos.

Há compassos simples e compostos.

Neste método, estudaremos somente os compassos simples.

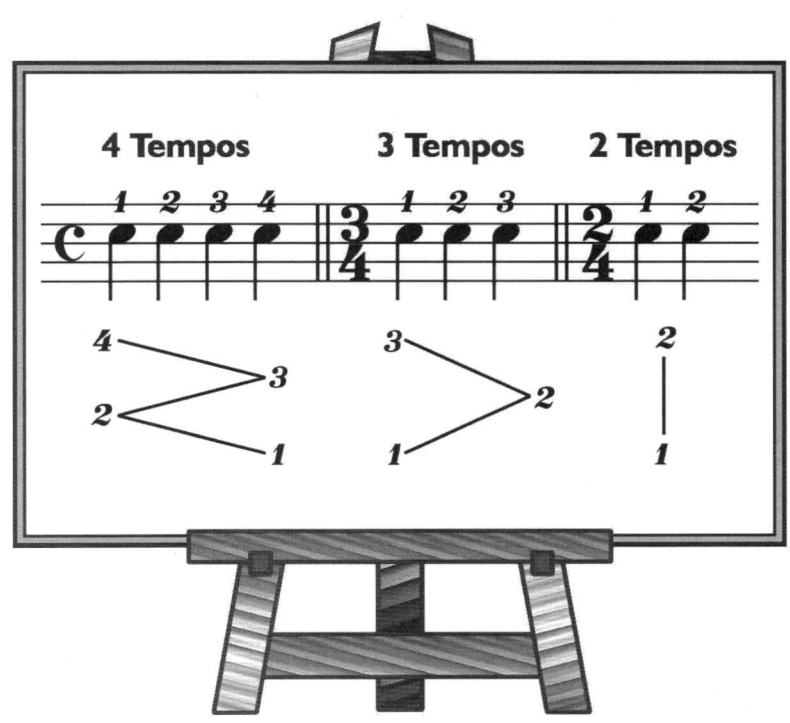

VALOR E FORMA DAS NOTAS E DAS PAUSAS

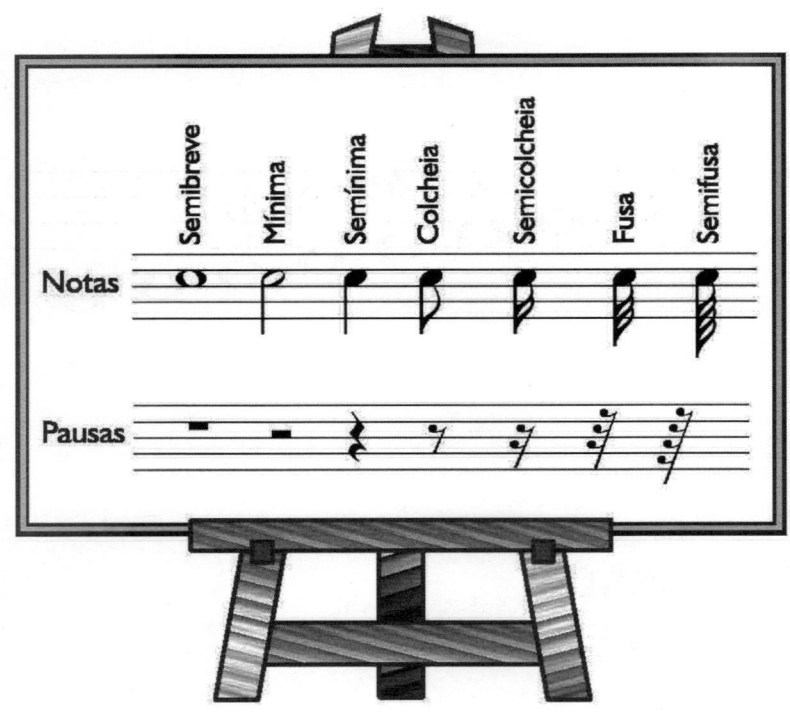

Os compassos são preenchidos com **notas** e **pausas**.
Cada nota ou pausa vale a metade de sua antecedente.

Uma mínima vale 2 semínimas

Uma semibreve vale 2 mínimas

Uma semínima vale 2 colcheias

EXERCÍCIO DE LEITURA

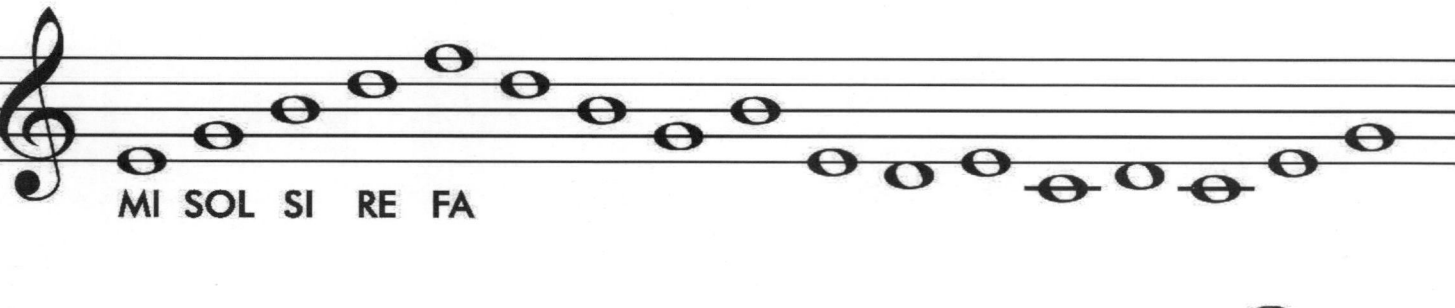

MI SOL SI RE FA

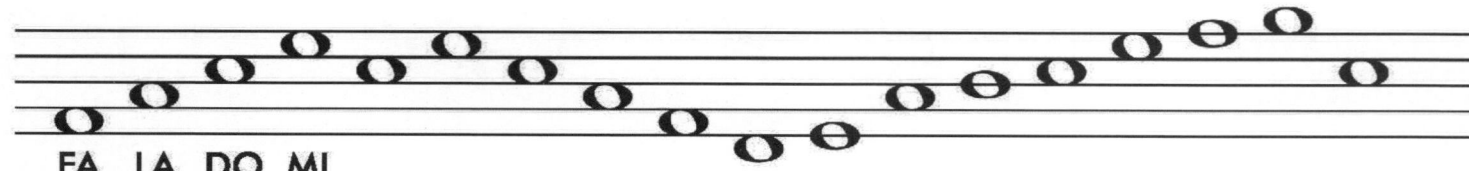

FA LA DO MI

Do que se deverá lembrar o aluno quando se sentar ao piano

1º - Sentar-se ao meio do piano.
2º - Colocar as mãos bem levemente no teclado do piano, ferindo as teclas com os dedos arredondados.
3º - Olhar para a música.
4º - Contar os tempos do compasso.

POSIÇÃO DAS MÃOS E DOS DEDOS

TECLADO DO PIANO

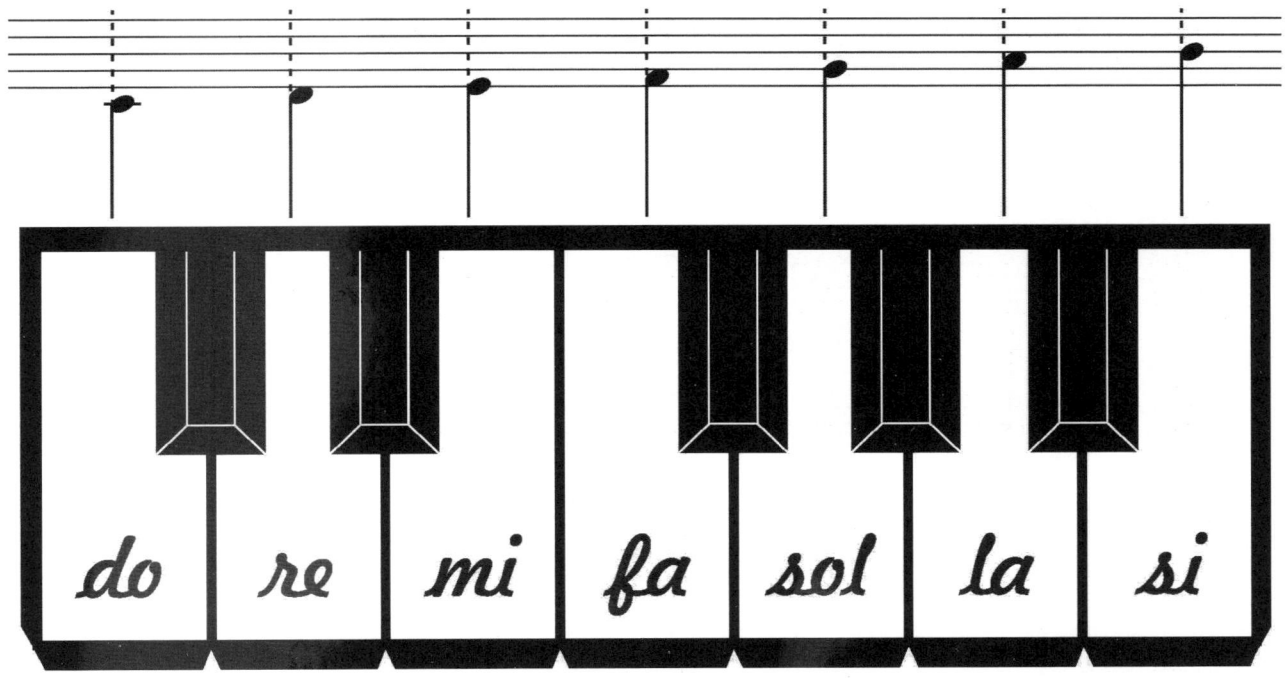

EXERCÍCIOS PREPARATÓRIOS

Mão Esquerda

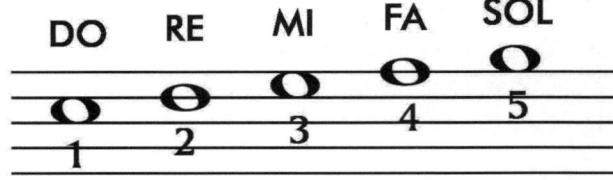

Mão Direita

SEMIBREVE - Vale 4 tempos

Contar em voz alta os tempos do compasso

Mão Direita

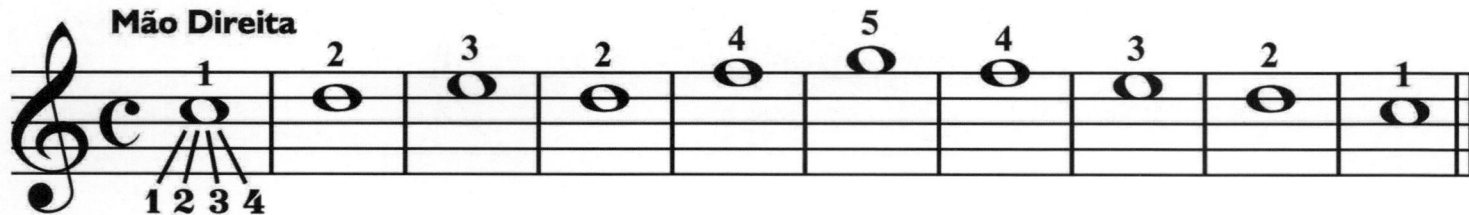

Mão Esquerda

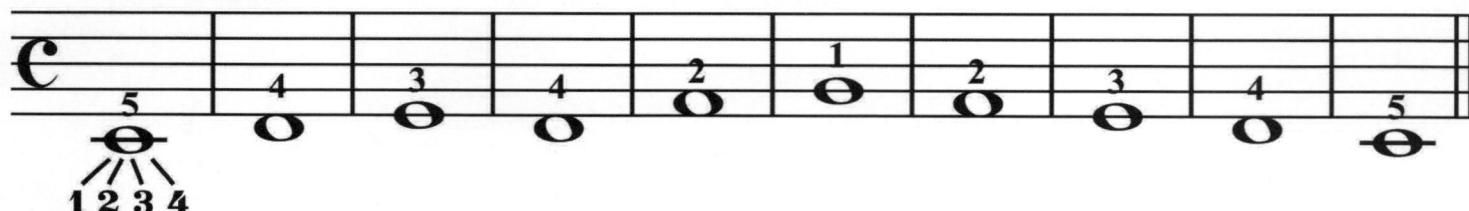

As duas mão juntas

Nº 1

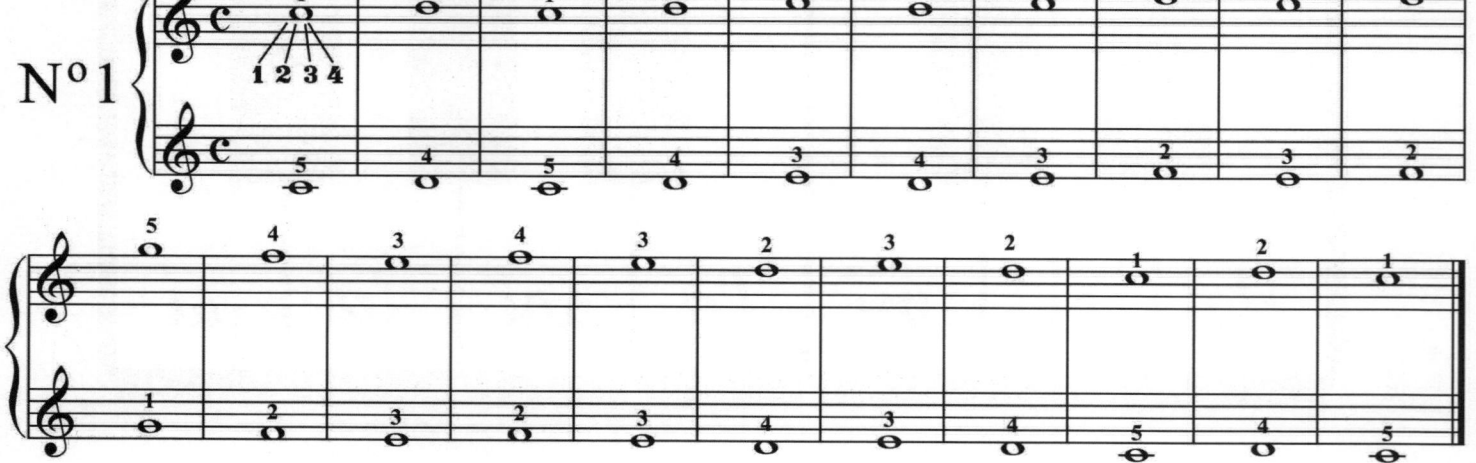

MÍNIMA - Vale 2 tempos

Nº 2

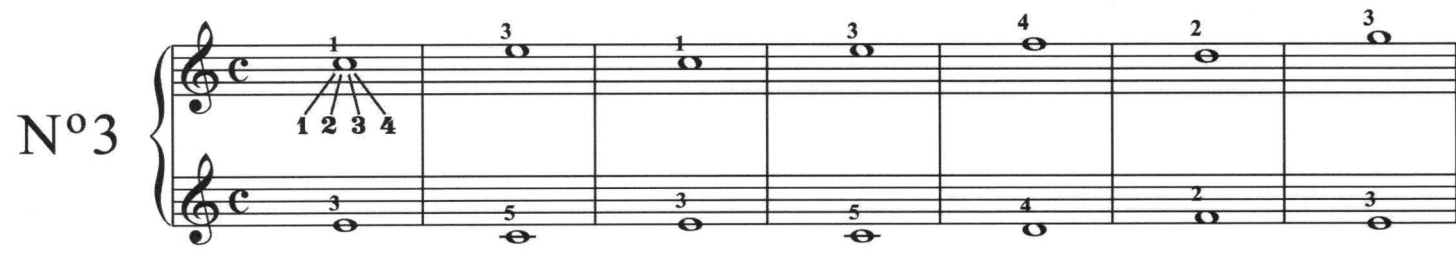

As mãos tocam notas **diferentes**

Nº 3

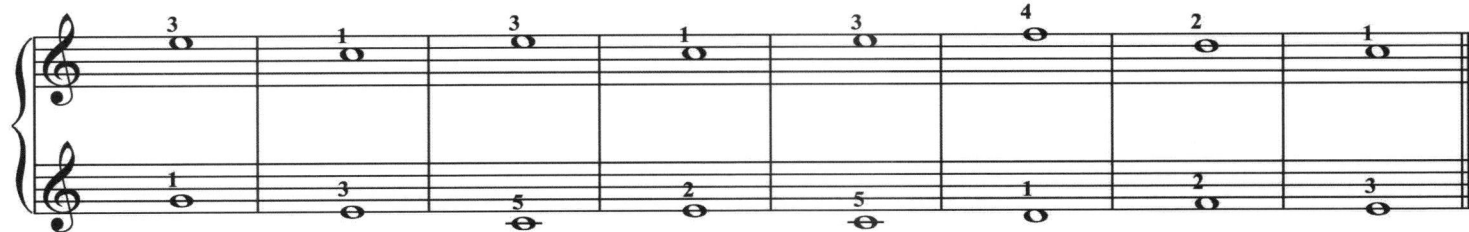

SEMIBREVES E MÍNIMAS

Nº 4

SEMÍNIMA - Vale 1 tempo

F. Beyer

Nº 9

F. Beyer - Arr. por Russo

Nº 10

COMPASSO DE 3 TEMPOS
A Primeira Valsinha

Estude também: FLORES E PÉROLAS, de Salvador Callia e DORME, DORME, de Carlos Pacheco.

LIÇÃO COM NOTAS DUPLAS

F. Beyer

Nº 12

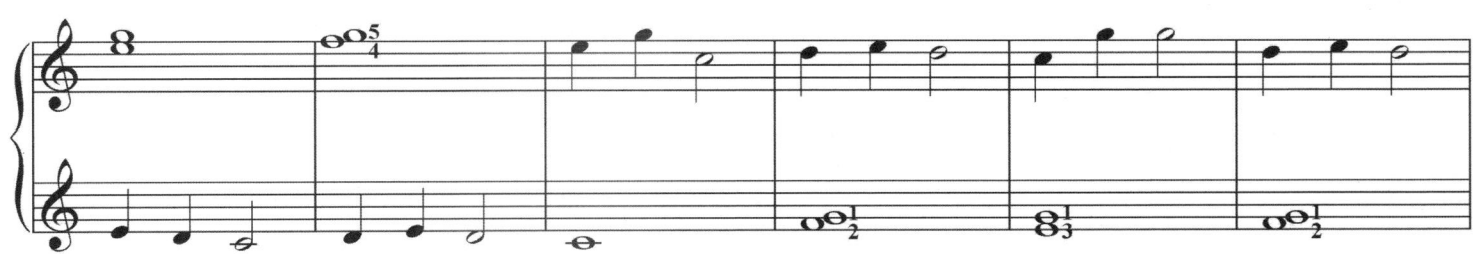

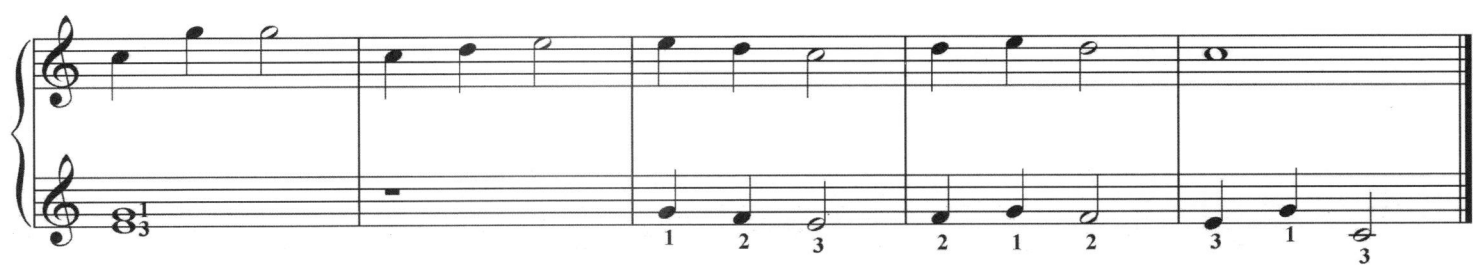

CIGANINHA, de Carlos Pacheco.

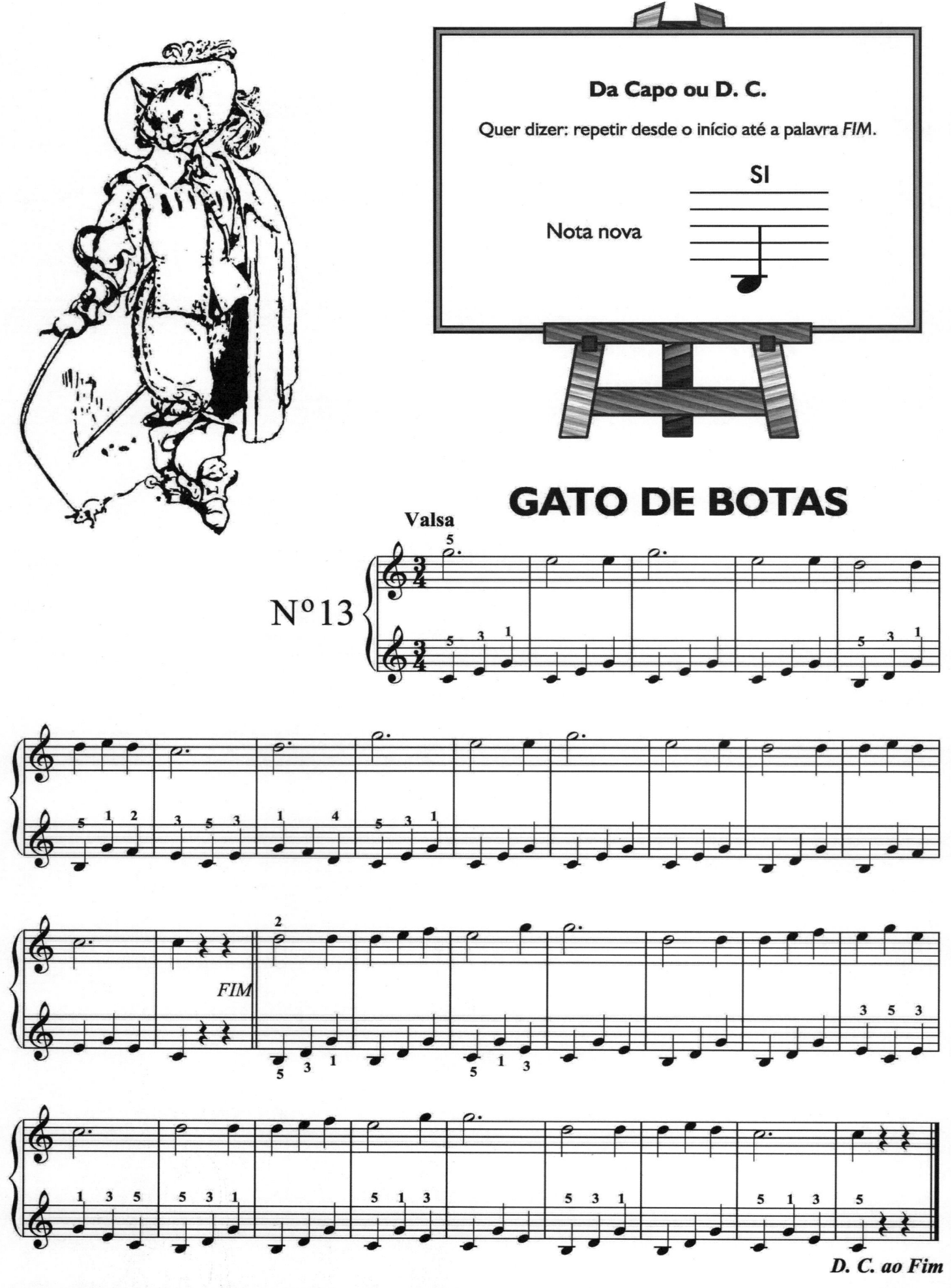

Da Capo ou D. C.

Quer dizer: repetir desde o início até a palavra FIM.

Nota nova: SI

GATO DE BOTAS

Nº 13 — Valsa

D. C. ao Fim

Pecinha fácil de ser estudada depois desta lição: DUAS BORBOLETAS - Valsinha, de Francisco Russo, AURORA DA VIDA, de Salvador Callia e MANHÃ DOURADA, de Salvador Callia.

LIÇÃO COM COLCHEIAS - 2 em cada tempo

OS BEBÊS DANÇAM
Valsa

Nº 16

Músicas indicadas: COLEÇÃO MARIA STELLA, de Salvador Callia.

Estude agora as músicas: FELIZ ANIVERSÁRIO - Dança, de Francisco Russo e O MANDARIM, de Carlos Pacheco.

OS ANÕEZINHOS

Nº 18

Música de estudo: CARREIRO FELIZ, de Carlos Pacheco.

A MENSAGEM E A FLOR PARA A MAMÃEZINHA

Estude: VALSA ESPANHOLA, de Francisco Russo e MAMÃE ADORADA, de Carlos Pacheco.

MUDANÇA DE POSIÇÃO

Nº20

SOL LÁ

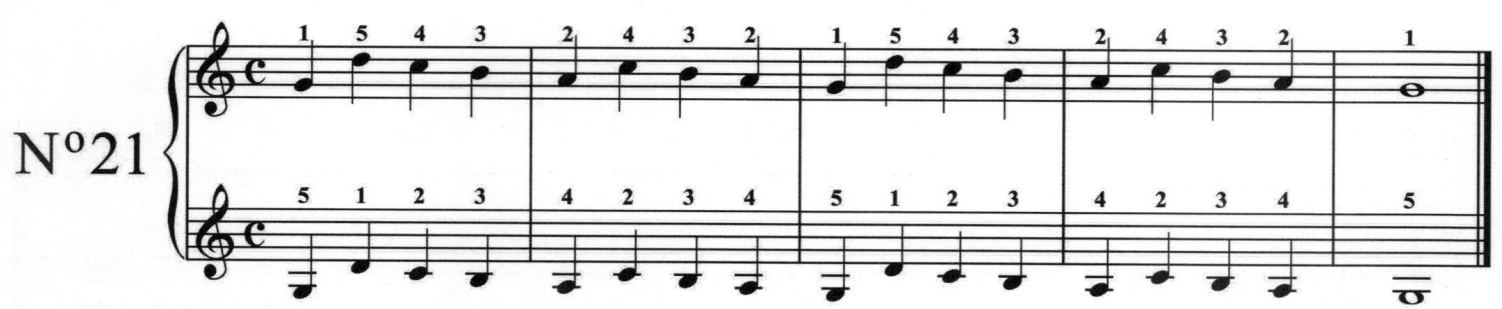

Nº21

Nº 22

O PEQUENO REGENTE DA ORQUESTRA

Compasso de 2 tempos

Moderato

Nº 23

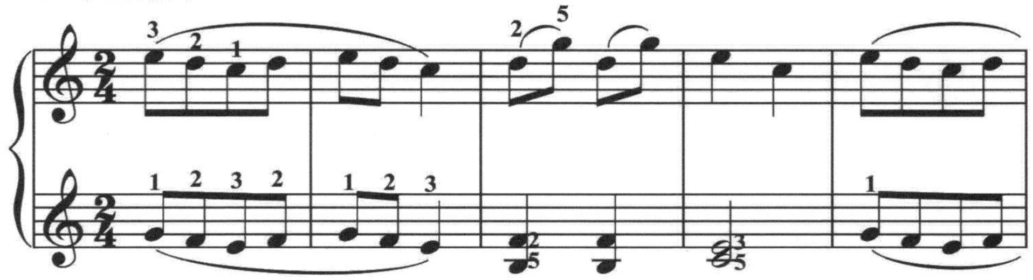

Para tocar: SOLDADINHO DE CHUMBO, de Carlos Pacheco.

MUSETTE

J. S. Bach (1685-1750)
Facilitada por F. Russo

Peças recreativas: Depois da lição N° 24, pode-se tocar as músicas HILDA EMBALANDO-SE, de S. De Benedictis e OS SOLDADINHOS DANÇAM, de Aymoré do Brasil.

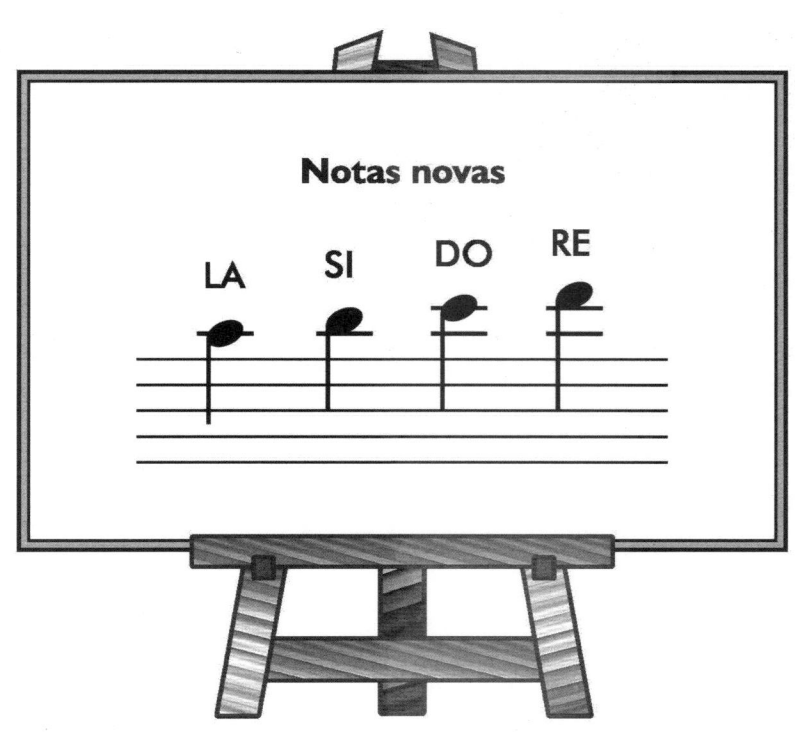

DA CLAVE DE FA

A Clave de Fa 𝄢 coloca-se na 4ª linha da pauta, quer dizer que a nota na 4ª linha é FA.

Exercício de leitura na clave de Fa

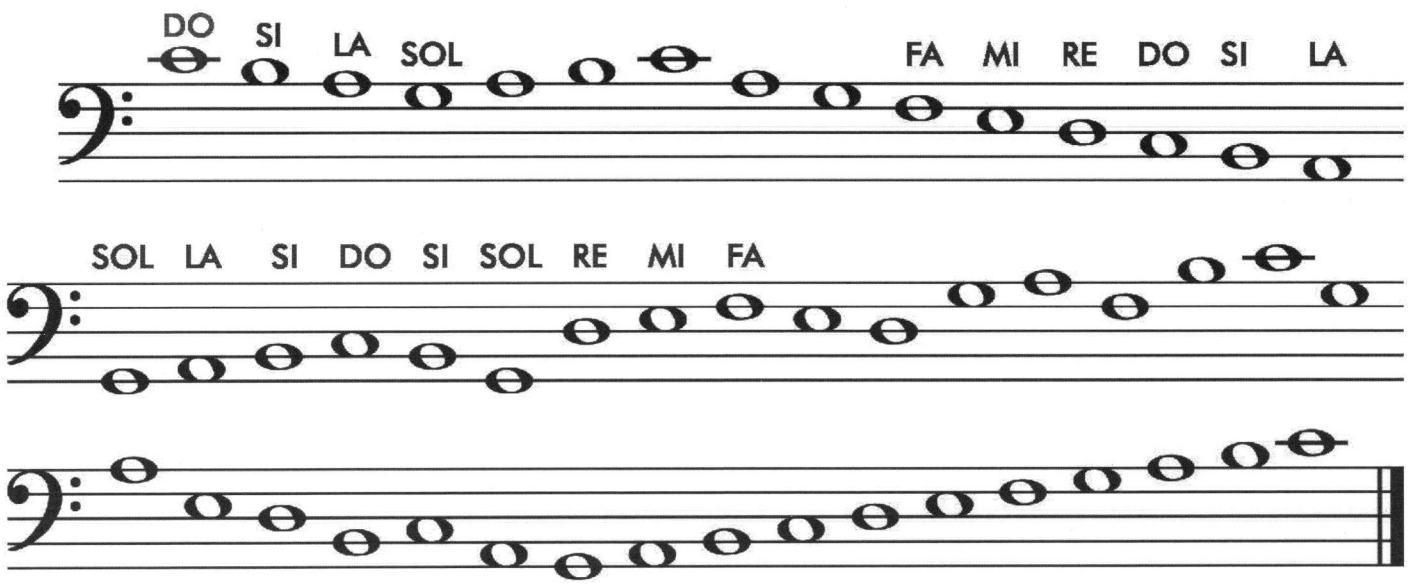

Escala de Do na clave de Fa

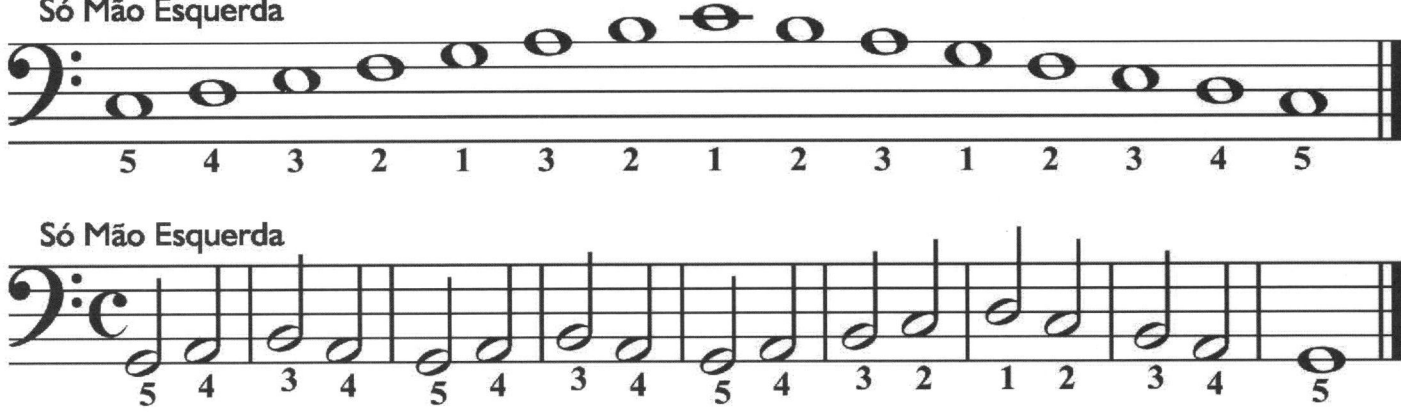

Estude as 11 PEÇAS INFANTIS, de Dinorá de Carvalho.

A VENDEDORA DE FLORES

Zeller (1842-1893)
Facilitada por F. Russo

Para estudar: VALSA NOBRE, de Carlos Pacheco e NA QUITANDINHA, de Salvador Callia.

CANTO DO CISNE
Melodia

Continue o estudo de piano com o MÉTODO A. DE ANGELIS.